Notes

noms des vendeurs

Vente du Vendredi 6 Décembre 1867.

OBJETS D'ART

MEUBLES ANCIENS

TAPISSERIES — BRONZES

Exposition publique le Jeudi 5 Décembre 1867

DE UNE HEURE A CINQ.

Me CHARLES PILLET,	M. DHIOS,
COMMISSAIRE-PRISEUR	EXPERT

1867

EXEMPLAIRE DE DHIOS

CATALOGUE

D'UNE JOLIE RÉUNION

D'OBJETS D'ART

Cabinets italiens; — Meubles sculptés;
Bronzes Louis XV et Louis XVI; — Bronzes florentins;
Très-belle Garniture de cheminée, Pendule et Candélabres,
en bronze ciselé et doré au mat;
Porcelaines de Sèvres et de Chine; Faïences françaises;
Tapisseries de Beauvais et des Gobelins;
Beau Tapis de Smyrne; Soieries anciennes;
Montres Louis XV et Louis XVI; Statuettes en marbre;
Émaux de Limoges; Armes et Ivoires.
Curiosités diverses;

DONT LA VENTE AURA LIEU

HOTEL DROUOT, Salle N° 3

Le Vendredi 6 Décembre 1867

A 2 HEURES PRÉCISES

Par le ministère de Mᵉ **Charles PILLET**, Commissaire-Priseur,
rue de Choiseul, 11,

Assisté de M. **DHIOS**, Expert, rue Lepeletier, 33,

Chez lesquels se trouve le Catalogue.

EXPOSITION PUBLIQUE

Le Jeudi 5 Décembre 1867, de une heure à cinq heures

CONDITIONS DE LA VENTE

Elle sera faite au comptant.

Les adjudicataires payeront *cinq pour cent* en sus des enchéres.

L'exposition mettant le public à même de se rendre compte de 'état des objets, il ne sera admis aucune réclamation une fois 'adjudication prononcée.

————

951. — Paris. Imp. de PILLET fils aîné, rue des Grands-Augustins, 5.

DÉSIGNATION DES OBJETS

Meubles d'art — Cabinets italiens

1 — Un grand et beau cabinet, en ébène. A l'extérieur, les deux portes sont décorées de deux peintures représentant des cardinaux, à l'intérieur de deux médaillons, figures de saintes entourées de guirlandes de fleurs. — Tous les tiroirs sont également décorés de bouquets de fleurs dans des vases peints dans le goût de Breughel. Ce joli meuble est posé sur une table-console ornée de quatre colonnes cannelées, terminées par des chapiteaux. Le bas est orné d'une glace.

2 — Joli meuble à deux corps, de la fin du XVIᵉ siècle, style de Jean Goujon. Les portes sont ornées de figures sculptées en relief, représentant les quatre Saisons, de plaques en marbre et de colonnettes sur les côtés.

3 — Joli cabinet italien en ébène, orné d'incrustations d'ivoire, dessins à rinceaux, ornements, animaux chimériques, arabesques et figures. Ce petit meuble est posé sur une table-console ornée d'incrustations d'ivoire.

4 — Un autre cabinet, même genre de travail que le précédent.

5 — Une très-jolie table en ébène, entièrement couverte d'ornements et d'arabesques encadrant deux plaques en ivoire gravé, représentant deux personnages en costume du temps de Louis XIII.

6 — Un petit cabinet italien en ébène, incrusté d'ivoire, avec tiroirs décorés d'arabesques. La porte du centre est ornée d'une plaque d'ivoire gravé, représentant une Naïade. Ce petit meuble est posé sur sa table-console, également en ébène incrusté d'ivoire.

7 — Un petit cabinet italien du temps de Louis XIII. orné de tiroirs plaqués d'écaille et de filets d'ivoire sur ébène. Ce petit meuble est posé sur sa table-console en ébène, avec filets d'ivoire.

8 — Un cabinet italien en ébène et marqueterie d'ivoire : la porte du milieu est ornée d'une statue de Minerve, entourée de cariatides en ivoire sculpté et de quatre colonnettes torses. Ce meuble est posé sur sa table-console en ébène à filets d'ivoire.

9 — Deux belles chaises en ébène, décorées d'incrustations et de plaques gravées en ivoire. (Travail milanais.)

10 — Un petit cabinet Louis XIII, en écaille, ébène et filets en marqueterie d'ivoire. Ce petit meuble est posé sur sa table-console à pieds tors.

11 — Petit cabinet vénétien; travail en mosaïque de bois.

12 — Deux chaises Louis XIII, garnies en cuir gaufré.

13 — Une armoire Louis XIII, en bois de chêne, avec panneaux sculptés.

14 — Glace Louis XIII, à biseaux, cadre en poirier guilloché.

15 — Une autre glace de la même époque, plus petite.

16 — Cabinet Louis XIII posé sur sa table-support, ébène
et bois noir avec portes gravées.

17 — Un grand et beau cabinet en vieux laque de Chine,
orné de plaques en cuivre ciselé et gravé.

18 — Une glace Louis XV, avec encadrement en bois sculpté
et doré.

19 — Huit fauteuils Régence, très-finement sculptés, couverts
en tapisserie au petit point, représentant des personnages
et des bouquets de fleurs.

20 — Deux encoignures en bois rose avec dessus en marbre.

21 — Une petite commode Louis XV, en bois laqué, garnie de
bronzes, marbre brèche d'Alept.

22 — Petit meuble en bois de noyer sculpté.

23 — Un coffret vénitien, en marqueterie d'ivoire, orné de
bas-reliefs à personnages en ivoire sculpté.

24 — Un petit coffret en ivoire, orné de cinq petites pla-
quettes en cristal de roche taillées à facettes.

25 — Un coffret en bois de noyer, entièrement couvert d'incrustations de Certosina.

26 — Coffret en ivoire à figures.

27 — Un petit coffret en écaille.

28 — Un coffret à bijoux, en marbre onyx, monture en
bronze doré ; travail moderne.

29 — Grand coffret Louis XIII, en bois noir, garniture en argent.

Bronzes d'art et d'ameublement

30 — Grande pendule de salon, formée par un groupe de figures qui représentent une allégorie des beaux arts, bronze doré au mat, sur piédestal à moulures en marbre blanc.

31 — Deux grands candélabres à dix lumières, formés par des vases d'une ornementation très-riche, avec figures, mascarons et rinceaux en bronze doré au mat.

32 — Un lustre boule à huit lumières, en bronze finement ciselé.

33 — Une grande et belle pendule Louis XV, en marqueterie de cuivre sur écaille, avec socle garni de bronze ciselé.

34 — Quinze fourchettes à huîtres en argent, manches en ivoire.

35 — Une petite pendule du temps de Louis XVI, en marbre et bronze doré.

36 — Un petit cartel en bronze ciselé et doré. Époque Louis XVI.

37 — Une paire de bras-appliques à deux lumières, en bronze ciselé et doré, du temps de Louis XVI.

38 — Une autre paire de bras plus petits, de la même époque.

39 — Une paire de chenets Louis XVI, en bronze doré.

40 — Une autre paire de chenets Louis XVI, en bronze doré, plus petits que les précédents.

41 — Un petit lustre flamand, en cuivre jaune.

42 — Coupe ancienne, bronze doré ; le sujet intérieur est celui de la coupe dite de B. Cellini.

43 — Un ostensoir du xve siécle, en cuivre doré.

44 — Satuette antique, bronze, sur son piédestal primitif. Vénus à la pomme.

45 — Encrier, bronze florentin, figure de femme nue coiffée d'un casque ailé. (Collection Soltikoff.)

46 — Statuette en bronze italien ; figure de femme nue tenant une bannière.

47 — Vase de forme hexagone, en bronze italien, avec couvercle surmonté d'une statuette d'enfant.

48 — Statuette en bronze ; figure de femme représentant l'Industrie.

49 — Deux petits bronzes modernes : le Rémouleur et le Chien de chasse.

50 — Un bronze antique.

Porcelaines et Faïences

51 — Petit déjeûner en porcelaine, ancien sèvres, pâte tendre, composé de : un sucrier, une théière et une tasse avec soucoupe, décor à bouquets de roses et guilandes de fleurs; fond œil-de-perdrix.

52 — Un petit service à thé en ancienne porcelaine de Saxe, décoré de médaillons à paysages très-finement peints. (10 pièces.)

53 — Deux vases en porcelaine de Sèvres, fond bleu lapis; les anses sont formées par des enfants.

54 — Quatre figurines en porcelaine d'Allemagne, représentant les quatre Saisons.

55 — Deux vases forme flacon, en porcelaine de Sèvres gros bleu, monture en bronze doré au mat, avec anses à serpents.

56 — Deux figurines de femmes chinoises, formant flambeaux, en ancienne porcelaine de Chine émaillée.

57 — Une potiche en ancienne faïence d'Urbino, décorée de trophées et d'attributs encadrant un médaillon représentant une figure au milieu d'un paysage.

58 — Deux cornets en ancienne faïence italienne, décorés d'attributs et médaillons à figures.

59 — Grand vase en porcelaine céladon, bleu d'empois, monture en bronze.

60 — Un grand bol en porcelaine, décoré dans le goût japonais, monture en bronze.

61 — Le Joueur de vielle: statuette en terre émaillée, imitation de Palissy.

62 — Une bouteille et sa cuvette, en porcelaine de Chine, très-beau décor.

63 — Un porte-huilier, en ancienne faïence avec burettes en verre de Bohême.

64 — Un service de quatre-vingt-dix pièces, en ancienne faïence de Strasbourg.

65 — Un plat, ancienne faïence, décor polichrome.

66 — Vingt-cinq tasses et soucoupes, une théière et un pot à lait en ancienne porcelaine de Chine et du Japon.

67 — Petit service à thé en Wegwod.

68 — Groupe en porcelaine d'Allemagne : deux figures et deux amours autour d'une colonne.

69 — Six tasses à café et un sucrier en porcelaine vieux chine.

70 — Groupe en porcelaine d'Allemagne : deux figures au pied d'une pyramide.

71 — Trois vases et une aiguière en faïence de Nevers.

72 — Deux burettes avec plateau et une saucière en faïence de Strasbourg.

73 — Une tasse et soucoupe en porcelaine de Sèvres gros bleu, décor à figures.

74 — Deux bols en porcelaine de Chine, ayant la forme d'une feuille repliée.

75 — Un grand plateau ovale en porcelaine de Saxe, décor à fleurs avec bordure en relief.

76 — Trente-quatre assiettes et deux cache-pots en porcelaine de Chantilly et du Japon. Ce lot sera divisé.

77 — Vide-poche en porcelaine de Sèvres moderne, monture en bronze.

78 — Sept pièces en chine et japon, théière; sucrier, etc.

79 — Quatre compotiers en porcelaine anglaise.

80 — Une corbeille et une tasse en porcelaine de Saxe.

Tapisseries et Étoffes anciennes

81 — Deux grandes tapisseries des Gobelins, à figures mythologiques, avec ornements et bordure dans le goût de Bérain.

Haut., 3 m. 20 cent.; larg., 2 m. 40 cent.

82 — Deux grandes tapisseries à armoiries et blasons, avec bordure et trophées d'armes et fruits.

Haut., 4 m. 30 cent.; larg., 3 m.

83 — Une grande tapisserie de Flandre, représentant un sujet dans le goût de *Téniers*, encadrée d'une riche bordure; cette tapisserie est signée : G. WERNIERS.

Haut., 3 m. 50 cent.; larg., 3 m. 10 cent.

84 — Une portière ancienne; tapisserie de Flandre, avec sujet. Genre *Téniers*.

Haut., 2 m. 70 cent.; larg., 1 m. 40 cent.

85. — Trois anciennes tapisseries de Beauvais, représentant des oiseaux et ornements au milieu de paysages ; belle bordure rocaille.

Haut., 2 m. 60 cent. ; larg., 1 m. 40 cent.

86 — Six garnitures de fauteuils en ancienne tapisserie de Beauvais ; médaillons à vases de fleurs, avec ornements

87 — Garniture de canapé en ancienne tapisserie de Beauvais, sujets tirés des fables de La Fontaine, sur fond jaune ; encadrement et ornements.

88 — Garnitures d'un canapé et de six fauteuils en tapisserie.

89 — Un très-beau tapis ancien de Smyrne, fond rouge velouté et riches dessins blanc et bleu foncé.

Haut., 3 m. 10 cent. ; larg., 2 m.

90 — Un ancien tapis de Smyrne, fond gros bleu velouté, à dessins variés et bordures.

Haut., 2 m. ; larg., 1 m. 20 cent.

91 — Très-beau tapis du XVe siècle ; riches broderies à personnages.

92 — Un tapis de table, brodé à l'aiguille ; travail persan.

93 — Un tapis de table, brodé à l'aiguille ; travail persan.

94 — Deux grands rideaux en soie-rayée, à riches broderies à fleurs ; du temps de Louis XV.

95 — Cinq grands rideaux en satin rouge, avec dessins à ramages blancs.

Objets d'art et Curiosités diverses

96 — Un grand bas-relief en ivoire. Christ au prétoire, fond de monuments et ciel, lapis-lazuli (XVIe siècle).

97 — Statuette de femme nue en ivoire, tenant une pomme de la main droite et des raisins de la gauche.

98 — Saint Sébastien, statuette en ivoire sur socle en marbre.

99 — Une paire de pistolets italiens de Lazarino Cominazzo ; batterie et culasse en fer finement ciselé, par Gio Batta Zanetti.

100 — Une belle paire de pistolets Louis XIV, damasquinés en argent, avec armoiries.

101 — Deux jolies poignées d'épées du temps de Louis XV, en fer ciselé et doré.

102 — Épées dont la garde en fer ciselé représente un dragon.

103 — Une très-jolie plaque en émail de Limoges, représentant la création de la femme. Cette plaque est signée au revers : P. CORTEYS. M. F.

104 — Baiser de paix, très-ancien émail de Limoges.

105 — Sainte Geneviève, plaque ovale en émail de Limoges, bordure en relief.

106 — Saint Michel terrassant le Démon, groupe en argent ciselé et doré, orné de grosses perles baroques, d'éme-

raudes et de rubis; socle en jaspe sanguin et lapis-lazuli ;
travail florentin.

107 — Une montre Louis XVI, en or ciselé, ornée d'un médaillon allégorique.

108 — Une autre montre en or ciselé, de la même époque.

109 — Une montre en or ornée d'un émail et de jargons ;
époque Louis XV.

110 — Christ en ivoire sculpté.

111 — Une ceinture orientale en argent ciselé.

112 — Un livre de prières, imprimé en caractères gothiques
allemands ; couverture en vermeil repoussé.

113 — Deux candélabres en marbre blanc, de forme ovoïde,
montés de branches à trois lumières, en bronze doré. Style
Louis XVI.

114 — Une statuette d'enfant en marbre blanc.

115 — Un dé gothique en bois sculpté et doré. Il représente
trois tours avec clochetons, style ogival.

116 — Deux cages anciennes, avec plaques et ornements en
cuivre repoussé.

117 — Un Christ en bois sculpté.

118 — Un bol à punch, en verre de Bohême gravé.

119 — Quatre pièces : deux flambeaux en porcelaine, un flacon
en cristal et un groupe en biscuit.

120 — Canette en verre de Bohême.

121 — Une canette en grès d'Allemagne émaillé.

122 — Une bonbonnière en Saxe, et un petit fauteuil en bronze doré.

123 — Trois petites consoles-supports en bois sculpté.

124 — Un petit buste d'homme en bronze artistique.

125 — Petit portrait d'homme, peint sur cuivre, attribué à Gonzales Coques.

126 — Deux cadres sculptés et dorés. Époque Louis XIV.

127 — Un coffret en fer ouvragé (Travail gothique français.)

128 — Un clavecin du XVIIe siècle, en bois, orné d'arabesques et d'une peinture représentant la Danse des Muses.

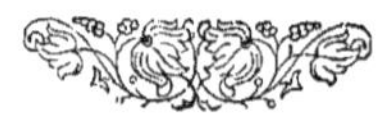